AF609584

NOTICE

SUR LA

CHAPELLE DU CHATEAU DE LAVAL

ET SUR SES SEIGNEURS,

SUIVIE DE DEUX PIÈCES DE VERS COMPOSÉES PAR UN PRISONNIER :

LE CHATEAU DE LAVAL,

A L'ITALIE, OU LA PRISE DE ROME EN 1849.

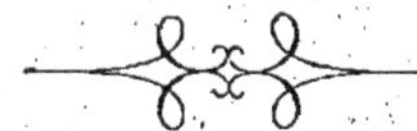

SE VEND UN FRANC AU PROFIT DES PRISONNIERS.

LAVAL

IMPRIMERIE DE H. GODBERT, LIBRAIRE,

Rue de la Trinité, 25.

1853.

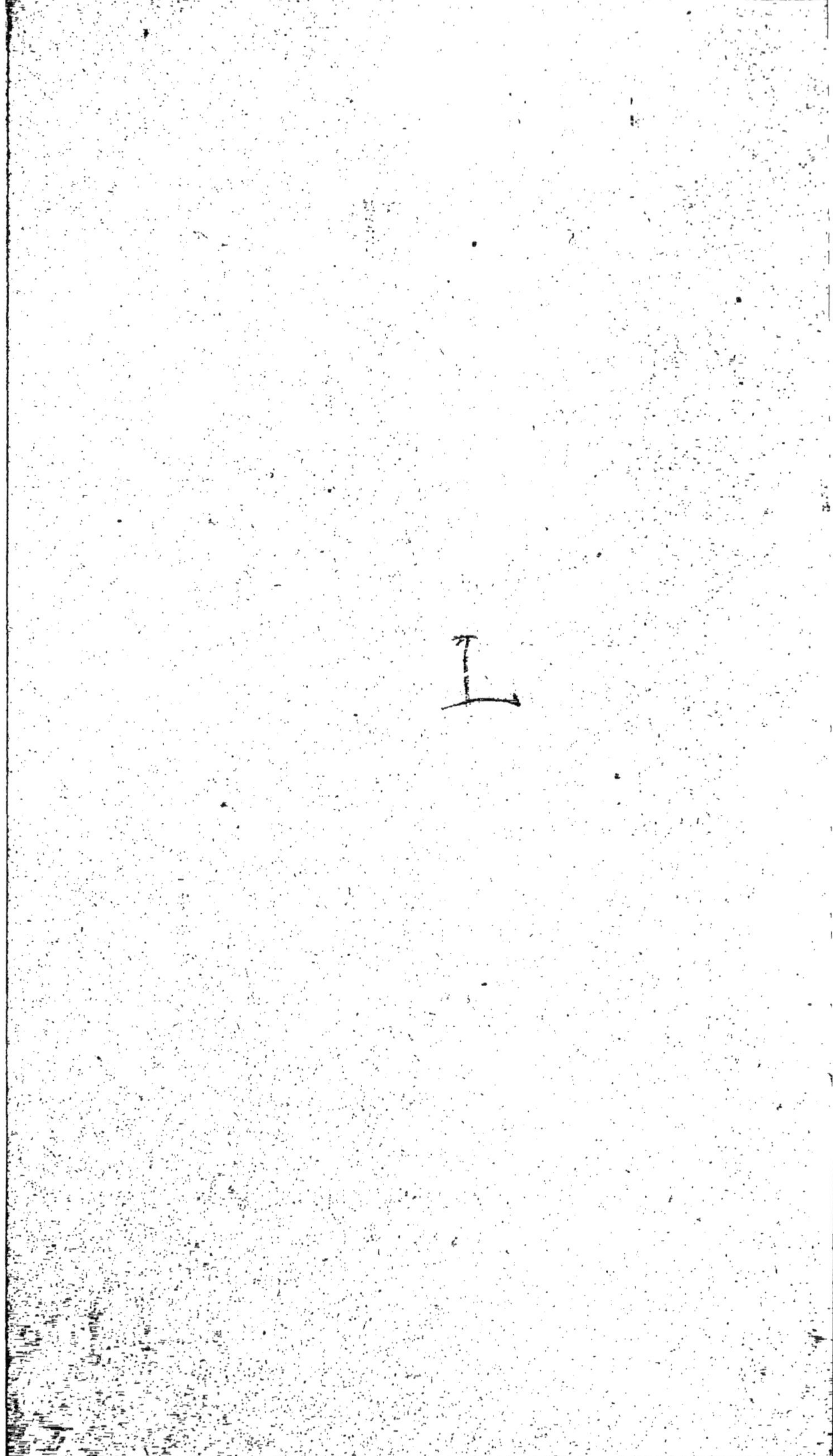

NOTICE

SUR LA

CHAPELLE DU CHATEAU DE LAVAL

ET SUR SES SEIGNEURS,

SUIVIE DE DEUX PIÈCES DE VERS COMPOSÉES PAR UN PRISONNIER :

LE CHATEAU DE LAVAL,
A L'ITALIE OU LA PRISE DE ROME EN 1849.

SE VEND UN FRANC AU PROFIT DES PRISONNIERS.

LAVAL

IMPRIMERIE DE H. GODBERT, LIBRAIRE,

Rue de la Trinité, 25.

1853.

LA CHAPELLE DU CHATEAU DE LAVAL.

I.

L'antique château des seigneurs de Laval, transformé depuis un demi-siècle en prison départementale, mérite sous bien des rapports de fixer l'attention de l'archéologue et du voyageur. Sa tour colossale (1) avec sa magnifique charpente construite par Gui V vers le milieu du douzième siècle, les belles sculptures qui ornementent et encadrent ses fenêtres, admirable travail dû à l'habile ciseau de quelque artiste de la Renaissance, sa chapelle enfin dont nous allons nous occuper dans cette Notice, seront toujours pour le connaisseur et le curieux l'objet d'une visite qui ne manque pas d'intérêt.

Cette chapelle ou plutôt cette crypte est en contre-bas de la cour d'entrée ; elle est, au con-

(1) Nous avons entendu dire à M. de Caumont que c'était la plus grande tour qu'il eût vue appartenant au douzième siècle. On dit qu'elle fut bâtie sur un fort rasé deux fois par les Normands.

traire, par rapport à la rue du Val-de-Mayenne, à une élévation de dix mètres.

Deux portes latérales, qui sont en face l'une de l'autre, servaient seules dans le principe à lui donner entrée. L'une d'elles, qui est d'une plus grande dimension, est revêtue d'une archivolte assez remarquable. Il est évident que c'était autrefois une porte extérieure par laquelle se rendaient à la chapelle les personnes de la ville qui désiraient assister à l'office du château.

Cette crypte forme un carré oblong de seize mètres de longueur, sur douze mètres trente centimètres de largeur.

Elle a trois absides placées à l'Orient (1). Au fond de chacune d'elles se trouve une fenêtre afin de l'éclairer. Elle recevait encore la lumière par deux autres fenêtres latérales, devenues malheureusement inutiles par suite de constructions plus récentes, aussi sont-elles depuis long-tems fermées.

Un mur coupe obliquement le bas de notre crypte, et en soustrait une partie aux regards du visiteur : c'est qu'à une époque déjà reculée, on a bâti sur ses voûtes et qu'il devint alors nécessaire d'élever ce mur, afin de supporter la surcharge qu'on leur imposait.

(1) Il y avait autrefois un autel dans chacune d'elles, on peut voir encore l'endroit où se plaçaient les burettes. Gui V, comme nous le dirons tout à l'heure, ayant créé un chapitre de douze chanoines pour desservir cette chapelle, il était nécessaire qu'il y eût plusieurs autels afin de pouvoir célébrer plus d'une messe à la fois.

Ne serait-ce point afin d'obtenir l'alignement du château qu'on se vit obligé de bâtir ainsi sur les voûtes de notre chapelle ?

Tout atteste qu'elle fut construite avec la tour vers le milieu du douzième siècle ; c'est du moins l'opinion du plus savant archéologue de notre époque, de M. de Caumont, qui la visita le 1er juin 1853 (1). Considérée sous le rapport de son architecture, cette chapelle nous représente le style roman dans toute sa sévérité. Six piliers isolés, à chapiteaux richement ornés de feuilles et d'entrelacs, sont placés à égales distances et la partagent en trois nefs. Ils supportent un amas de petites voûtes en plein cintre et à arêtes qui, se croisant en tous sens, vont retomber sur des pilastres engagés à distances égales dans les murs du pourtour. C'est un des restes à la fois les plus intacts et les plus curieux de l'architecture religieuse du douzième siècle.

II.

Outre son antiquité et sa construction vraiment remarquable, que de souvenirs se rattachant à notre chapelle nous ont été conservés par les chroniques ! Elles nous font connaître jusqu'aux noms des deux premiers chapelains qui l'ont desservie : Guyomard et Ruello.

(1) C'est aussi l'opinion de M. Boullier dans ses *Recherches historiques*, page 204, où il dit « que la chapelle du chapitre existe encore au château de Laval ; que ses piliers, ses deux nefs et ses voûtes indiquent qu'elle fut construite dans le douzième siècle. »

Ces chapelains des seigneurs du château n'étaient pas alors seulement chargés de célébrer le saint sacrifice de la messe ; ils chantaient aussi les heures canoniales auxquelles on assistait généralement à cette époque.

Ils exerçaient encore les fonctions curiales à l'égard du seigneur et de sa famille.

Mais Gui V, sire de Laval, voulant que le service divin se fît avec plus d'éclat et de régularité, fonda dans sa chapelle une collégiale composée de douze prébendes. L'évêque du Mans Guillaume de Passavant approuva la fondation de ce chapitre composé de douze chanoines par un décret du 17 juillet 1170. Voici ce décret accompagné de sa traduction :

DÉCRET DE LA FONDATION DU CHAPITRE DE LA CHAPELLE DU CHATEAU DE LAVAL. 17 JUILLET 1170.

Ego Guillelmus Dei gratia cenomanensis Episcopus Universis Ecclesiæ filiis. Quoniam divina bonitas quosdam in sortem hæreditatis suæ specialius elegit, et eos attentius diligere et res eorum studiosius conservare, ratione istius electionis et debito nostri officii commovemur. Notum fieri curavimus quod Dominus Guido de Lavalle de hac mortalitatis valle ad beatam immortalitatis gloriam altius suspirans, edoc-

Nous Guillaume, par la grâce de Dieu Evêque du Mans, à tous les enfants de l'Eglise.

Dieu, dans sa bonté, ayant choisi quelques hommes pour être plus spécialement consacrés à son service, nous sommes portés et à raison de ce choix, et par le devoir de notre charge, à les aimer davantage et à prendre un soin plus particulier de ce qui leur appartient.

Faisons savoir que le seigneur Gui de Laval désirant avec artus quod ille hujus vanitatis illecebras evadere et ad optatam beatitudinis metam pertingere posset, de bonis suis, quæ sequens pagina declarabit, in capella sua Lavallensi duodecim canonicos constituit, et capellam illam eadem possessione quam Guiomardus et Ruello, capellani sui, usque ad diem illam tenuerunt, canonicis illis dedit et concessit. Insuper tres arpennos vineæ, et centum solidos in molendis suis subter pontem Meduanæ sitis, festo Epiphaniæ quotannis reddendos, nec non trigenta solidos apud Lavallem, et decem apud Gravellam, decem quoque apud Montseurs, de censibus suis, festo sancti Joannis Baptistæ singulis annis persolvendos, dedit et concessit. Præterea indito *pasnægio* suarum forestarum..... canonicorum sive communes sive cujusque proprii sint, sine commercio *pasnagii* libere et qui in forestis suis percursus habebunt. Sed et canonicis ad omnia sibi *nria (necessaria)* mortuum nemus concessit. Cum autem in forestis exartorium fieri præceperit ad seminandum sex sextarios in eis-

deur passer de cette vallée de mort à la gloire suprême de l'immortalité, instruit à croire d'ailleurs qu'il lui était possible de se soustraire aux vaines illusions du siècle, et d'atteindre le terme désiré de la céleste béatitude, a établi à ses dépens, ainsi que le fera connaître le présent acte, douze chanoines dans sa chapelle de Laval, et qu'il a donné et concédé à ces chanoines la dite chapelle, au même titre que l'ont possédée jusqu'à ce jour Guiomard et Ruello, ses chapelains.

En outre il leur a donné et concédé trois arpents de vigne et aussi cent sous à prendre sur ses moulins situés sous le pont de la Mayenne, payables, chaque année, à la fête de l'Epiphanie; comme aussi trente sous sur la ville de Laval; dix sous sur la Gravelle et dix sur Montsûrs, à prendre de ses revenus, lesquels seront payés, chaque année, à la fête de saint Jean-Baptiste.

Le dit seigneur ayant encore établi le droit de *panage* (1) dans ses forêts, les porcs des chanoines, soit qu'ils appartiennent à tout le chapitre, soit qu'ils n'appartiennent qu'à quelque membre particulier, auront le libre parcours, sans que le droit de pana-

(1) *Panage*, droit ou permission de mettre des porcs dans une forêt.

dem forestis, canonicis exartare licebit; insuper decimam annonæ suæ partis exartorii ipsi canonici habebunt. Statutum est etiam ut nos et similiter omnes successores nostri illius capellæ simus canonici. Præterea eorumdem erunt quinque sacerdotes canonici, videlicet successores Guiomardi et Ruellionis capellanorum suorum, necnon successores magistri Joannis Rufi, et Guidonis de Rosse, et Benedicti. Harum trium præbendarum Dominus Guido pro Marbone unam et Emma Mater Guidonis aliam, Herbertus tertiam constituerunt. Numerum vero canonicorum augmentari vel minuere absque assensu totius capituli non licebit. Nos autem ad præcem sæpe dicti Guidonis dictam ordinationem fieri concessimus, et eam ratam habentes, ut in perpetuum fidelius conservetur, illud idem confirmavimus et sigilli nostri munimine consignari fecimus, consilio et assensu Philippi Decani archidiaconi illius ecclesiæ et Reginaldi de Asneriis ejusdem ecclesiæ archipresbyteri, quidquid etiam canonici illi capellæ eidem canonice ac-

ge puisse être l'objet d'aucun trafic. Le même seigneur a également accordé aux chanoines tout le bois mort, pour leur usage. Ayant d'ailleurs ordonné qu'il fût fait dans les forêts des défrichements pour y sêmer six setiers de blé, les chanoines pourront concourir à ces défrichements, et ils auront la dîme de la récolte produite par le terrain qu'ils auront défriché.

Il a encore été décrété que nous et tous nos successeurs, serons chanoines de la dite chapelle.

De plus, parmi ces chanoines, il y en aura cinq qui seront prêtres, savoir : les successeurs de Guiomard et de Ruello, chapelains du dit seigneur, comme aussi les successeurs de maître Jean Le Roux, de Gui de Rossé et de Benoît. Ces trois dernières prébendes ont été constituées, l'une par le seigneur Gui, en faveur de Marbon, l'autre par Emma, mère du seigneur Gui et la troisième par Herbert (1). Il ne sera point permis d'augmenter ou de diminuer le nombre de ces chanoines, sans le consentement de tout le chapitre.

Pour nous, à la requête du seigneur Gui déjà souvent nommé, avons autorisé ce réglement,

(2) Probablement Herbert de Bootz, dont il est parlé plus loin.

quisierunt eis in perpetuum libere possidendum concessimus. Actum est hoc anno ab Incarnatione millesimo centesimo septuagesimo, decimo sexto calendas Augusti, regnante secundo Henrico rege Anglorum, sub testimonio quorumdam tam clericorum quam laïcorum, Ivonis videlicet magistri scholarum, Esquimardon capellani, magistri Ernaldi, Guidonis Lavallensis, Herberti de Botz et multorum aliorum.

et l'ayant approuvé, l'avons revêtu de notre signature, afin qu'il soit dans la suite plus fidèlement exécuté, et par le conseil de Philippe, doyen et archidiacre de cette église (1) et de Reginald d'Asnières, archiprêtre de la même église, avons concédé, pour en jouir à perpétuité, aux chanoines de la dite chapelle, tout ce qu'ils pourront lui acquérir canoniquement.

Le présent acte a été dressé en cette année onze cent soixante-dix de l'Incarnation, le seizième des calendes du mois d'août, sous le règne d'Henri II (2) roi d'Angleterre, en présence de plusieurs tant clercs que laïques, savoir : d'Yves, directeur des écoles, d'Esquimard, chapelain, de maître Ernault, de Gui de Laval, d'Herbert de Bootz, et de plusieurs autres.

III.

Une bulle du Pape Lucius III, en date du 9 juin 1183, vint confirmer la fondation du chapitre de la chapelle du château, ainsi que les dons faits aux chanoines par les seigneurs de Laval. Treize ans s'étaient déjà écoulés depuis l'approba-

(1) De l'église cathédrale, sans doute.

(2) Il était alors duc d'Anjou et du Maine.

tion de l'évêque du Mans et avaient amené, à ce qu'il paraît, plusieurs modifications. Voici cette bulle également traduite. Elle donne au chapitre le nom de *Chapitre de l'Église de Sainte-Marie du Château de Laval*, et mentionne des revenus déjà plus considérables que ceux contenus dans le décret de 1170.

BULLE DU PAPE LUCIUS III POUR LA FONDATION DU CHAPITRE DE L'ÉGLISE DE LA BIENHEUREUSE MARIE DU CHATEAU DE LAVAL.

Lucius Episcopus servus servorum Dei, Dilectis filiis Canonicis Ecclesiæ B. Mariæ de Castello Lavallis, tam in præsentibus quam futuris Canonicis substituendis : In perpetuum officium justa postulantibus indulgere et rigor postulat æquitatis et ordo exigit rationis præsertim quando petentem voluntatem et pietas adjuvat et non relinquit. Ea propter, Dilecti in Domino Filii, vestris justis postulationibus annuimus et præfatam Ecclesiam in qua divino estis obsequio mancipati, sub B. Petri et nostra protectione suscepimus et præsentis scripti privilegio communivimus, statuentes ut quascumque possessiones et quæcumque bona quæ eadem Ecclesia in præsentiarum juste et canonice

Lucius, évêque, serviteur des serviteurs de Dieu, à nos chers fils les chanoines de l'Eglise de la Bienheureuse Marie du Château de Laval, et à leurs successeurs.

Les droits rigoureux de la justice et de la raison nous obligent à prendre en considération la demande que vous nous faites, d'ériger en titre de concession perpétuelle la juste rétribution qui vous est accordée, surtout alors que cette demande est appuyée sur une piété véritable et persévérante.

C'est pourquoi, nos chers fils en Notre Seigneur, nous avons accordé à vos vœux et nous avons pris sous la protection de saint Pierre et de la Nôtre la susdite Eglise, dans laquelle vous vous êtes consacrés au service divin, sanctionnant cette faveur par le

possidet aut in futurum concessione Pontificum, largitione Regum vel Principum, oblatione fidelium, seu aliis justis modis, præsenti Domino poteritis adipisci, firma vobis vestrisque successoribus exillibata permaneant in quibus hæc propriis ducimus exprimenda vocabulis, tres arpennos vineæ, centum solidos cenomanenses in molendinis Guidonis de Valle fullonariis subtus Pontem Meduanæ sitis etc., donationem regiminis scholarum Lavallis ; in parochialibus autem Ecclesiis quas habetis, liceat vobis Clericos aut Sacerdotes eligere et Diæcesano Episcopo præsentare, quibus, si idonei fuerint, curam animarum committat, ut ei de spiritualibus, vobis verò de temporalibus debeat respondere. Cunctis autem eodem loco jura servantibus sit Pax D. N. J. Christi, et bonæ actionis fructus percipiant et apud districtum judicem præmia æterna pacis inveniant. Amen.

Datum Velletri per manum Alberti S. R. T. Præsbyteri Cardinalis et Cancellarii octavo Calend. Junii, Incarnationis Domini anno 1183, Pontificatûs verò nostri secundo.

présent acte ; ordonnant que tous les biens et propriétés que possède aujourd'hui justement et canoniquement la dite Eglise, de même que ceux que vous y pourrez ajouter consciencieusement et par la faveur divine, soit des concessions des Souverains-Pontifes, ou des libéralités des rois et des princes, ou des oblations des fidèles, ou de toute autre juste manière, vous restent et à vos successeurs en incontestable jouissance.

Et parmi les biens que vous possédez, nous avons cru nommément mentionner trois arpents de vigne, cent sols mancels à prendre sur les moulins à foulon, situés sous le pont de la Mayenne et appartenant au seigneur Gui, et la maîtrise des écoles de Laval.

Quant aux églises paroissiales qui sont en votre dépendance, vous aurez le droit de choisir des clercs et des prêtres et de les présenter à l'Evêque du diocèse, lequel, s'il les trouve capables, leur confiera le soin des âmes, de telle sorte qu'ils auront à lui rendre compte du spirituel et à vous du temporel des dites paroisses.

Que la paix de Notre Seigneur Jésus-Christ soit à tous ceux qui, dans le dit lieu, respecteront les droits établis ; qu'ils reçoivent le prix de leurs bonnes œuvres, et qu'ils trouvent la récompense éternelle auprès du Souverain Juge. Ainsi soit-il.

Donné à Velletri, de la main d'Albert S. R. T. prêtre, cardinal et chancelier, le huit des calendes de juin, l'an de Notre Seigneur 1183, et de notre Pontificat le deuxième.

IV.

La chapelle du château ne servit que trente-huit ans aux offices du chapitre. Ce chapitre créé en 1170 par le décret de Guillaume de Passavant précité, sortit de la dite chapelle vers 1208 pour aller s'établir dans l'église de Notre-Dame du Bourg-Chevereau. Cette église bâtie, dit-on, par Gui II, aurait été commencée en 1046.

La chapelle du château qui possédait de tems immémorial les reliques de saint Tugal, conserva ce précieux dépôt ; un chapelain resta attaché à cette chapelle.

Voici d'après les chroniqueurs comment les reliques de ce saint nous furent apportées de la Bretagne.

Ils disent qu'un évêque de Tréguier, nommé Gorennan, forcé de fuir devant une invasion de Normands, emportait avec lui le corps de son saint prédécesseur. Il vint se réfugier à Laval, où il reçut un si bon accueil que, pour témoigner aux habitants sa reconnaissance, il leur fit don de la plus grande partie de la précieuse relique qui fut déposée dans la chapelle du château.

Ce ne fut qu'au commencement du quinzième siècle que les reliques de saint Tugal (1) furent extraites de notre crypte et déposées à l'église de Notre-Dame du Bourg-Chevereau. Un décret de 1407 donne au chapitre le nom d'église collégiale de saint Tugal ; ce qui indique que les reliques y étaient transférées à cette époque, les chanoines n'ayant pu recevoir ce nom qu'après la translation de notre saint évêque (2).

V.

A partir de ce tems, notre chapelle perdit beaucoup de son importance, le concours des fidèles y fut moins nombreux, un seul chapelain y disait la messe aux seigneurs du château. Enfin, elle fut entièrement abandonnée vers le milieu du seizième siècle, époque à laquelle les seigneurs de Laval devinrent calvinistes (3); puis, un peu

(1) Saint Tugal vivait dans le sixième siècle. Après avoir mené la vie religieuse et évangelisé une partie de la Bretagne, il fut élevé à l'épiscopat et devint le premier évêque de Tréguier, ville fondée près de Trécor, le plus important des monastères qu'il avait bâtis. — C'est l'église de la Trinité qui possède maintenant la plus grande partie du corps de saint Tugal. Son chef se trouve à Chartres.

(2) C'est donc une erreur de Le Paige et de Dom Colomb de l'avoir fixée en 1416.

(3) En 1547, Renée de Rieux qui hérita du Comté de Laval, sous le nom de Guyonne XVIII, était une zèlée calviniste. Paul de Coligni et son fils François de Coligni qui lui succédèrent, étaient également protestants. Après eux le Comté de Laval devint la propriété des de la Tremoille.

plus tard, lorsque notre Comté échut aux la Trémoille, ils abandonnèrent entièrement notre ville.

VI.

Pendant la révolution de 93, notre crypte ne fut employée à aucun usage : elle était en quelque sorte oubliée, lorsqu'en 1822 la commission des prisons la convertit en un atelier de tissage. Ces travaux cessèrent en 1833, par suite de l'évasion de quelques détenus (1) et surtout parce qu'à cette époque, il y avait au château plusieurs prisonniers politiques à la garde desquels on attachait une extrême importance (2).

Notre chapelle fut alors transformée en bûcher et telle fut sa destination jusqu'en 1851.

VII.

En 1850, M. le comte de Luçay, alors préfet de la Mayenne, voulut diviser la cour de la prison afin d'établir les détenus par catégories. Sur sa demande, le Conseil général vota des fonds pour cet objet. Comme pour réaliser ce plan il fallait nécessairement détruire la chapelle qui servait au

(1) On cite en particulier l'évasion d'un nommé Morin, condamné pour assassinat aux travaux forcés à perpétuité. Ce misérable, après être parvenu pendant la nuit à percer le cachot en bois dans lequel il couchait, pénétra dans la chapelle, puis, à l'aide des tresses qu'il trouva sur les métiers, descendit dans le Val-de-Mayenne. Il fut repris le jour même.

(2) Ces détenus politiques étaient des légitimistes arrêtés par suite de la tentative de soulèvement qui eut lieu en 1832.

culte (1), on dut penser à réparer l'ancienne crypte du château.

Bientôt on se mit à l'œuvre, on fit deux beaux escaliers en granit, la chapelle fut pavée en dalles de Chattemoue ; enfin, le dimanche 12 octobre 1851, on put la bénir solennellement et offrir de nouveau le saint sacrifice de la messe dans cette crypte, où pour la première fois on l'offrait 700 ans auparavant, et dans laquelle depuis un peu plus de deux siècles et demi il n'avait été célébré aucune cérémonie religieuse.

M. Davost, curé de la Trinité, sur la demande de l'aumônier, M. l'abbé Foucault, avait été délégué par Mgr Jean-Baptiste Bouvier, évêque du Mans, pour faire cette bénédiction. Tout le clergé de la Trinité assistait à la cérémonie. M. le préfet, M. le maire provisoire, MM. les membres du Tribunal civil de Laval, MM. les juges de paix de nos deux cantons, MM. les membres de la commission de surveillance des prisons, MM. les médecins de l'établissement, le barreau de Laval, la chambre des huissiers, M. Renous, architecte du département, et qui avait dirigé les travaux de réparations, avaient été convoqués à cette cérémonie religieuse. — Mme la comtesse de Luçay, ses

(1) Cette chapelle, située à droite de la porte d'entrée, fut démolie dans le courant d'octobre 1851 ; elle était longue de quatorze mètres et en avait quatre de large.

C'était autrefois un petit bâtiment isolé, divisé en plusieurs pièces, dans lequel étaient le cabinet du procureur fiscal et l'étude du notaire du seigneur.

enfants et plusieurs autres dames qui l'accompagnaient, assistaient aussi à cette pieuse cérémonie.

Dans une allocution propre à la circonstance, M. le curé de la Trinité fit d'abord l'historique du monument qu'il bénissait; puis, s'adressant aux détenus, il leur représenta que s'ils étaient tombés dans le malheur et la peine, c'était parce qu'ils avaient négligé de suivre les enseignements de l'Evangile; que pour échapper au désespoir et trouver de véritables consolations, il leur fallait, dans leur infortune, recourir à la religion, seule capable de leur en offrir de solides et de durables.

Cette allocution fut écoutée avec un vif intérêt et au milieu du plus profond recueillement.

C'est ainsi que fut rendue à la religion cette antique chapelle des seigneurs de Laval.

Voici le procès-verbal de cette bénédiction :

PROCÈS-VERBAL DE LA BÉNÉDICTION DE LA CHAPELLE DES PRISONS DE LAVAL.

Le douze octobre mil huit cent cinquante et un, nous, François Davost, curé de la Trinité de Laval, chanoine honoraire du Mans, délégué par Monseigneur l'Evêque en vertu de sa lettre en date du vingt-quatre septembre dernier, pour la bénédiction de l'antique Chapelle du Château, qu'on a restaurée, et qui doit désormais servir de chapelle pour la prison, avons procédé à cette cérémonie, et avons placé la dite chapelle sous l'invocation de la Très Sainte Vierge, avec la fête de l'Assomption pour fête patronale ; assisté de M. Martin Foucault, aumônier des prisons, de M. Favrole, vicaire de la Trinité, de M. l'abbé Dours, proviseur du Lycée, de M. Clermont, chapelain des Orphelines, de M. Maussion, aumônier du Sacré-Cœur, de M. Baudry, aumônier de Saint-Louis, de

MM. Jarry, Gontier et Landelle, prêtres habitués de la Trinité; de M. l'abbé Guerlin, directeur de l'Ecole normale, et de plusieurs autres ecclésiastiques;

En présence de M. le comte de Luçay, chevalier de la Légion-d'Honneur, préfet de la Mayenne, de M. Gasté, président du Tribunal civil, de M. Toutain, remplissant les fonctions de maire, de MM. Guérin, de la Fuye, juges du Tribunal civil, de M. Allouel, juge d'instruction, des membres de la Commission d'administration et de surveillance des prisons, MM. Legentil, chevalier de la Légion-d'Honneur, Le Lasseux, A. E. Segretain, de M. Hubert, médecin des prisons, de plusieurs membres du barreau de Laval et de la chambre des huissiers, de M. Picot, chevalier de la Légion-d'Honneur, gardien-chef des prisons, des sœurs Boisgontier, supérieure, Virginie Manceau et Marie Alley, attachées au service des détenus, enfin en présence de tous les prisonniers, et avons célébré le saint sacrifice de la Messe.

En foi de quoi nous avons dressé le présent procès-verbal.

Laval, le douze octobre mil huit cent cinquante et un.

N. DE LUÇAY, préfet de la Mayenne; P. GASTÉ, président du Tribunal civil; CH. TOUTAIN, conseiller municipal faisant fonctions de maire; DE LA FUYE; GUÉRIN; ALLOUEL; R. LEGENTIL; T. HUBERT; E. LE LASSEUX; E. A. SEGRETAIN; ED. VANNIER; RENOUS, architecte; PIGOT; R. FAVROLE, prêtre vicaire; JARRY, prêtre; F. M. GARY, sous-diacre; LANDELLE, prêtre; L. GONTIER, prêtre; GUERLIN; MAUSSION, prêtre; DOURS; CLERMONT, prêtre; Sœur BOISGONTIER, supérieure des prisons; FOUCAULT, aumônier des prisons; F. DAVOST, curé de la Trinité.

VIII.

Notre chapelle ne possédait encore qu'un autel provisoire qui n'était nullement en rapport avec son architecture; en 1852, grâce au bienveillant concours du Conseil général, elle a été enrichie d'un magnifique autel, qui mérite d'attirer les regards de l'archéologue et de l'artiste.

M. de Caumont, en le visitant le 1er juin 1853, nous a dit n'en connaître en France qu'un autre, du même style, qui pût lui être comparé.

Nous croyons devoir en donner ici la description.

Cet autel qui figura à l'Exposition de notre ville en 1852 (1), accuse une étude approfondie de la sculpture du moyen-âge ; c'est bien là le type de l'époque ; toutefois on a évité de reproduire ce qu'il a de trop naïf.

La création en est due à M. Renous, architecte à Laval. Ses idées ont été rendues avec beaucoup d'intelligence et de talent par le ciseau exercé de M. Deschamps, élève de M. Barré, de Rennes.

L'autel, construit en pierre de rairie, a deux mètres trente-sept centimètres de longueur, un mètre vingt-huit centimètres de profondeur, et quatre-vingt-quinze centimètres de hauteur.

Il est disposé à la manière des anciens sarcophages. Dix colonnes engagées en ornementent le pourtour, six de face, quatre dans les côtés. Elles sont surmontées de pleins-cintres et servent ainsi d'encadrement à neuf arcatures. Les cinq arcatures de devant sont revêtues de bas-reliefs. Patronne de la chapelle, la Sainte Vierge occupe l'arcade du milieu. Elle est vêtue d'une robe assez ample

(1) L'artiste qui sculpta cet autel, M. Deschamps, obtint une médaille d'argent.

et porte sur sa tête une couronne surbaissée. L'enfant Jésus, qu'elle tient sur ses genoux, a la tête environnée d'un nimbe coupé par la croix; tandis qu'il bénit de sa main droite, il tient dans sa gauche un rouleau déployé, sur lequel on lit ces paroles : *Ego sum lux mundi.*

Les quatre évangélistes sont placés à droite et à gauche de la Très Sainte Vierge. Ils ont été sculptés d'après des gravures du moyen-âge, qui sont à notre Bibliothèque.

Les personnages sont courts comme ceux des bas-reliefs de l'époque, ils ont les yeux saillants, les sourcils arqués et peu de mouvement. La raideur qu'on remarque dans leurs vêtements, leur tunique retenue par une ceinture, le manteau qui les recouvre, un peu ouvert par le devant, leurs pieds nus, sont autant de types généraux auxquels on reconnaît les statues des onzième et douzième siècles.

Comme toujours à cette époque, la Sainte Vierge est assise les pieds chaussés avec un nimbe rehaussé de perles.

Les colonnes qui servent d'encadrement aux arcatures sont aussi dignes de fixer l'attention. Quelle richesse d'ornementation! De la base au sommet, elles sont entièrement recouvertes de sculptures. On dirait que l'architecte et l'artiste se sont efforcés, pour les embellir, d'épuiser à l'envi tous les genres d'ornements dont on se servait au douzième siècle. Ici, ce sont des colonnes torses, couvertes d'une infinité de perles et de têtes de clous qui produisent le meilleur effet. Là, ce sont des écailles et des losanges diversement ornementés. Plus loin le fût disparaît sous de gracieux feuillages.... Même variété, même richesse dans les chapiteaux qui les couronnent.

L'artiste a encore su donner à divers autres sujets le cachet de l'époque ; tels sont les animaux symboliques des évangélistes qu'on remarque au-dessus de leurs têtes dans l'intervalle des arcatures (1).

La figure de l'homme nous a surtout frappé, on y retrouve toute la naïveté des productions du moyen-âge.

(1) On sait qu'il est fait mention dans les visions d'Ezéchiel et de saint Jean, de quatre créatures vivantes, dont l'une avait la face d'un homme, l'autre celle d'un lion, la troisième celle d'un bœuf, la quatrième celle d'un aigle : ce sont les quatre évangélistes. Ils ont des livres à leurs pieds, parce qu'ils ont éclairé l'esprit des fidèles par leurs paroles et leurs écrits. Saint Matthieu est représenté par la figure d'un homme : en effet il s'occupe spécialement dans son évangile de l'humanité du Sauveur ; aussi commence-t-il son récit par sa généalogie terrestre.

Saint Marc est figuré par le lion qui rugit dans le désert, car il parle en détail de la résurrection, et son évangile est celui du jour de Pâques. *La voix de celui qui crie dans le désert* sont les premiers mots de son récit.

Saint Luc a le bœuf pour emblème : cet animal était destiné autrefois aux sacrifices et cet évangéliste traite surtout de la passion du Christ.

Enfin saint Jean a un aigle, parce qu'il s'élève jusqu'à la divinité de Jésus-Christ, tandis que les autres marchent avec le Dieu-Homme sur la terre.

L'architecte et l'artiste ne sont pas libres de donner à ces figures la place qui leur plait, parce qu'il est dit dans les visions d'Ezéchiel et de saint Jean que la face de l'homme et du lion étaient à droite, celles du bœuf et de l'aigle à gauche ; aussi ne rencontrerez-vous ni une sculpture ni un dessin représentant ces figures symboliques, où cette symétrie ne soit scrupuleusement observée. L'architecte n'a pas manqué non plus de tenir compte de cette exigence.

Outre ces quatre figures symboliques des apôtres, deux autres sujets traités avec soin ornent les deux côtés de l'autel : l'un est un pélican qui nourrit ses petits de son sang, l'autre deux colombes qui se désaltèrent dans un calice. Ce sont deux gracieuses images de la Sainte Eucharistie. Le dernier sujet est tiré d'un des chapiteaux de la nef de la cathédrale du Mans : il est facile de reconnaître ici l'âme fidèle se fortifiant au banquet eucharistique, et les dispositions nécessaires pour en approcher dignement, la charité, la simplicité, la douceur et l'innocence. Ces colombes ont une queue de serpent à l'extrémité de laquelle on remarque un œil ; c'est le chrétien unissant la prudence à la simplicité.

La forme de ces différents sujets pourra paraître quelque peu bizarre aux admirateurs de la renaissance ; mais, qu'on veuille bien se rappeler que cet autel ne serait plus en harmonie avec le style de la chapelle à laquelle il est destiné, sans la reproduction fidèle des types caractéristiques du moyen-âge.

Cet autel n'a qu'un seul gradin revêtu de fleurs crucifères ; encore serait-il plus conforme au style de l'époque s'il n'en avait pas du tout ; mais on a cru devoir céder quelque chose aux exigences actuelles. On ne se contente plus en effet comme autrefois d'un cierge à chacun des quatre coins de l'autel. On veut des gradins pour y placer de belles souches, des vases avec des fleurs.

Un tabernacle en pierre de Caen couronne cet autel. Il représente la façade d'une cathédrale romane. Le plan et l'exécution de ce beau travail terminé à la fin de 1853, sont l'œuvre du sculpteur habile dont nous avons déjà parlé, de M. Deschamps, aidé de quelques observations de M. de Caumont.

Nous finirons en engageant le visiteur à jeter un coup-d'œil attentif sur le riche marchepied, comme aussi sur la belle sainte table, conforme au style de l'époque, qui entoure le sanctuaire.

De beaux vitraux ne tarderont pas à venir compléter l'ornementation de cet antique monument et le rendront ainsi plus digne de son origine et de sa destination.

IX.

A partir de Guy V, seigneur de Laval en 1146, jusqu'à Renée de Rieux qui hérita en 1547 du Comté de Laval sous le nom de Guyonne XVIII et embrassa le calvinisme, que d'illustres personnages sont descendus dans notre crypte pour y prier !

Et d'abord, ce sont des croisés de la contrée (1), accourus pour se ranger sous la bannière des

(1) Les chroniques nous ont conservé les noms d'un certain nombre de croisés du pays qui allèrent à diverses époques combattre en Palestine. Voici quelques-uns de ceux qu'elles nous ont transmis :

Gui IV, seigneur de Laval. Il assista à la première croisade.

seigneurs de Laval, et qui viennent s'y prosterner avant d'aller combattre l'infidèle sur des plages lointaines et de dire à leur patrie un éternel adieu. Les uns avec Gui VII marchent à la cinquième croisade à la suite de saint Louis; d'autres suivent plus tard le même prince lors de la sixième et dernière croisade.

Gui VII, seigneur de Laval.) Ils suivirent saint Louis à la
Et d'André, baron de Vitré.) cinquième croisade.

Gui VIII, seigneur de Laval, accompagna saint Louis en Afrique lors de la sixième et dernière croisade.

Gui XIII de Laval.
Geoffroi IV de Mayenne.
Hamon, son fils.
Juhel III de Mayenne.
Les trois frères de Geoffroi : Gaultier, Guillaume et Gui.
Geoffroi de Fougères, fils de Guillaume.
Robert de Sablé.) Ils moururent à Jé-
Renaud II de Château-Gontier.) rusalem.
Renaud III, petit-fils du précédent.
Unfroy de Mayenne.
Henri de Vitré.
Gui de Martigné.
Payen des Roches.
Henri de la Guerche.
Yves, son fils.
Payen de Chaourses.
Hugues Pénec de Saint-Berthevin-la-Tannière, et Aubert son frère.
Geoffroi) de Montgiroux.
Odon)
Hugues et Gervais, frères.
Aubert Giffard.
Guérin de Bailleuil, et Simon, son fils.
Philippe)
Guillaume } de Landivy.
Richard)
Geoffroi de Chemiré-le-Gaudin.
Amelin, son frère.
Gosselin de Bersé, et Angeldc, son frère.
Angebalde) de Couesmes.
Eléazar)
Josselin) d'Entrammes.
Ursin)

Puis ce sont des guerriers dont les hauts faits remplissent les pages de notre histoire. Parmi cette foule de héros nous citerons Lohéac, frère de Gui XIV, qui par sa valeur sous Charles VII mérita de devenir successivement amiral et maréchal de France.

Qui ne connaît encore Gilles de Laval, seigneur de Retz et qui fut également élevé à la dignité de maréchal de France ? N'est-il pas un des généraux qui se distinguèrent le plus en combattant au quinzième siècle contre les Anglais ?

Amelin de l'Escluse.
Henri, Rodolphe } d'Anthenaise.
Foulques Riboul.
Louis et Henri Riboul.
Hasselin de la Haie-sur-Colmont.
Théobalde de Malicorne.
Aubert de la Jaille.
Guillaume d'Orange.
Gosselin de Goué, en Fougerolles.
Maurice, Guillaume } de Montenay.
Rodolphe Le Porc.
Dragon de Malmouche.
Gilles de Garanne, et Jean, son frère.
Guillaume Epeschel.
Foulques et Renaud, frères.
Gervais de Saint-Hilaire près d'Ernée.
Foulques Baseille, et Hugues, son frère.
Hébert des Hivets, en Cigné.
Henri de la Rongère, en Saint-Sulpice.
Lambert de l'Ecluse.
Alban de Goué, dit Flandrin.
Paulin de Goué.
Giraud de Goué, dit des Landes, et ses deux frères : Philippe et Richard.
Hugues de Vautorte.
Guillaume Morin.
Egide Gorrenton.
Geoffroi de Brecé.

Que de princes de l'Eglise, issus de l'illustre famille des seigneurs de Laval, n'a-t-on pas vus descendre dans cette enceinte pour y célébrer les saints mystères ! En se consacrant à Dieu et en quittant le château qui les vit naître, ils ne brisèrent pas en effet pour cela les liens sacrés qui les unissaient à leur famille ; on peut croire qu'ils revinrent quelquefois visiter ceux qu'ils affectionnaient.

Payen de la Chapelle-Rainsouin.
Guillaume de Sarcé, dit le Ribaud.
Manassès Grouet.
Auger Tabouer.
Robert Avénes.
Roland de Montangé.
Jubel de Boessé.
Hubert de Brée.
Girard de Rennes-en-Grenouille.
Girard de la Cruchère, en Brecé.
Girard de Malicorne.
Girard de Bello-Cossio.
Roger de Montemelis.
Roland des Vaux-Lavaré.
Henri de Bois-Berenger.
Robert de Landiguisio.
Robert Dorsé.
Rodolphe de la Hotonnière, en Saint-Ellier.
Réginalde de Crinay, en Saint-Fraimbault-sur-Pisse.
Richard de Monte-Gilonis.
Robert de Chantrigné.
Louis Pincerne.
Foulques de Désertines.
Maurice Goranton.
Jean de Fouilloux, près de Laval, et Gui, son frère.
Louis et Olivier de Grez.
Roland Chémaillard.
Hugues de Chemeré.
Lancelin de Monte-Melonis.
Hugues Leloup, dit Mauvoisin.
Manassès de Bourdre.
Front de Vado-Meleu.
Roland de Montjean, et Guy, son frère.
L'abbé Siméon.

Parmi ces pieux Pontifes, nous nommerons Geoffroi de Laval, évêque du Mans, dans le treizième siècle ;

Gui de Laval, qui fut aussi évêque du Mans dans le quatorzième siècle ;

Pierre de Laval, fils de Béatrix de Gavres, évêque de Rennes vers la même époque ;

Pierre de Laval, archevêque de Rheims dans le quinzième siècle ;

Enfin François de Laval qui occupa le siége de Dol au milieu du seizième.

Un de nos rois, Charles VIII, passant plus d'un mois en 1487 au château de Laval, visitera notre chapelle ; il y viendra prier, pour le succès de ses armes, Notre-Dame de la Victoire, pendant que son armée combattra en Bretagne.

Mais bientôt l'hérésie protestante va paraître, elle recrutera bon nombre d'adhérents dans les hautes classes de la société. La comtesse Guyonne de Laval sera une zèlée sectatrice des nouvelles doctrines. Après elle viendront Paul et François de Coligni, protestants eux-mêmes, et qui seront successivement comtes de Laval. Alors notre crypte deviendra déserte, l'écho de ses voûtes ne répétera plus les cantiques de Sion, la victime propice cessera d'être offerte sur ses autels abandonnés, aucune prière ne s'élèvera plus de son enceinte vers le Ciel. Après avoir été pendant quatre cents ans le lieu où vinrent adresser leurs vœux suppliants tant d'illustrations de toutes sortes et même un de nos rois, on murera ses portes : et ce long deuil, cet abandon se prolongeront pendant deux siècles et demi.

Comme ils durent tressaillir dans leurs tombes tous ces héros de la famille de Laval, aussi illustres par leur piété que par leurs hauts faits, quand ils virent leurs descendants indignes déshonorer leur nom en abjurant cette foi catholique pour laquelle ils avaient si souvent combattu !

Cependant, après plus de deux siècles, les portes de notre crypte s'ouvriront de nouveau, mais ce ne sera plus pour donner entrée à une foule de pieux fidèles aux heures de la prière ; on la convertira en un vil atelier de tissage où travailleront de misérables détenus !

Au lieu des hymnes sacrées qui retentissaient autrefois dans ce sanctuaire, c'est le bruit des métiers qu'on y entendra, accompagné des blasphèmes, des propos impies et licencieux, que profèrent trop souvent les malheureux prisonniers.

Enfin, certaines circonstances forceront de rendre cette chapelle au culte, elle sera réparée, purifiée et placée, comme il y a sept cents ans, sous l'invocation de la Reine des Cieux. Alors on y retrouvera comme autrefois et le tribunal qui justifie, et l'autel qui expie, et le tabernacle qui console, prison volontaire où l'amour enchaîne un Dieu.

Mais on ne verra plus les puissants de la terre, revêtus d'habits somptueux, venir s'agenouiller et prier sous ses voûtes séculaires ; les temps de sa splendeur sont passés ! Notre château, comme tant d'autres, n'étant plus qu'une prison, là viendront descendre, chargés de fers et couverts des haillons de la misère, une multitude de détenus, frappés et flétris par la justice humaine.

Telle sera désormais la destination de cet antique monument, jusqu'à ce que l'inconstance des choses humaines vienne peut-être encore un jour en changer l'emploi.

Cette Notice sur la Chapelle du Château était imprimée depuis quelques jours, lorsqu'un archéologue distingué, passant par notre ville, vint visiter notre crypte. Après un examen attentif, il crut devoir en conclure que ses murs, ses trois absides, ses pilastres engagés dans les murs du pourtour, ses deux portes en regard l'une de l'autre, appartenaient à l'architecture du onzième siècle ; que de très-grandes réparations avaient été, il est vrai, effectuées dans le douzième : telles que la construction de ses voûtes, ses six piliers isolés qui les partagent en trois nefs, les parements en pierres de taille qui fortifient et enrichissent ses murs.

Il s'en suivrait, comme du reste on l'a souvent répété, que la fondation de cette Chapelle appartiendrait à Gui II, seigneur de Laval dans le onzième siècle, et que Gui V y aurait fait de grandes réparations un siècle plus tard, vers l'époque où le chapitre fondé par lui vint s'y établir.

Nous laissons aux savants le soin d'approfondir et de décider cette question.

LES SEIGNEURS DE LAVAL.

Nous allons donner ici un abrégé de l'histoire des seigneurs de Laval, afin de faire connaître la plupart des personnages illustres qui ont visité notre chapelle.

LES ANCIENS GUI DE LAVAL.

Gui Ier, en 799.

On voudra sans doute savoir l'origine du nom de Gui, donné pendant une longue suite de siècles aux seigneurs de Laval.

L'auteur de l'*Art de vérifier les dates* dit que Rivod, roi ou duc de Bretagne, fut défait l'an 799 par le comte Gui, et ajoute : « *Toute la Bretagne fut alors soumise à Charlemagne.* »

D'après une tradition constante, ce même Gui obtint pour récompense, de Charlemagne, des terres dans le Maine, voisines du pays qu'il avait soumis : il y fit bâtir un château appelé de son nom, *Vallum Guidonis*, *retranchement* ou *lieu fortifié de Gui*; d'où vinrent par corruption les noms de *la Val Guion* ou *la Val Gui*, puis enfin celui de *Laval*.

Gui II (1).

Gui II fut seigneur de Laval dès le commencement du onzième siècle; il mourut l'an 1067, dans un âge très-avancé. En 1024, il fonda le prieuré de Prix; on dit aussi qu'il fut le fondateur de celui d'Avesnières, pour une de ses filles, religieuse au Ronceray d'Angers (1040), et du prieuré de Saint-Martin pour un de ses fils, religieux à Marmoutiers (1066). On a pensé pendant long-temps que ce fut lui qui bâtit le vieux château et les fortifications de Laval; mais, depuis les progrès récents de l'archéologie, on est obligé de convenir que c'est une erreur et que le vieux château, ainsi que nos fortifications, n'ont pas une origine antérieure à celle de la moitié du douzième siècle. Telle est du moins l'opinion du plus savant archéologue de notre époque, M. de Caumont. Nous pensons donc qu'il est plus juste d'attribuer la gloire de ces constructions à Gui V, alors seigneur de Laval.

(1) On remarque une lacune de plus de 300 ans, entre Gui second et le premier des seigneurs de Laval qui a porté ce nom; c'est qu'à cette époque les seigneurs de Laval ne prirent pas exclusivement le nom de Gui; plusieurs eurent peut-être les noms de seigneur de Bélaillé, de Bootz, etc. Gui II fut, dit-on, le septième seigneur de Laval.

Gui III, de 1080 à 1095.

Il se maria à Denyse de Mortain, fille de Robert, frère de Guillaume-le-Conquérant. Il alla combattre en Angleterre à la suite de cet illustre guerrier.

Gui IV, de 1095 à 1146.

Gui IV était à peine seigneur de Laval, lorsque la première croisade fut publiée au concile de Clermont. Il reçut la croix avec ses cinq frères dans l'église de Saint-Julien du Mans, des mains de l'évêque qui se nommait Hoël ; il partit pour la Terre-Sainte avec les autres croisés et aida à placer Godefroi de Bouillon sur le trône de Jérusalem (1100).

Au retour de la croisade, il passa par Rome; le Pape Pascal II qui occupait alors la chaire de saint Pierre, ordonna que tous ses successeurs porteraient dans la suite le nom de Gui, afin de perpétuer le souvenir de sa valeur dans la guerre sainte. Arrivé à Laval, Gui fit bâtir l'église de la Trinité et voulut qu'elle devînt l'église paroissiale ; Prix jusqu'alors avait servi à cet usage.

Pendant que Gui IV était seigneur de Laval, Foulques, comte d'Anjou et du Maine, laissa ses états entre les mains de Geoffroi Plantagenet, son fils, afin d'aller combattre en Terre Sainte ; il devint roi de Jérusalem.

Ce Geoffroi Plantagenet fut la souche de la maison royale d'Angleterre, dite des Plantagenets; or rien ne peut mieux faire comprendre l'importance des seigneurs de Laval, que de dire que Gui IV, s'étant ligué avec plusieurs seigneurs contre Geoffroi et ayant fait plus tard la paix avec lui, il maria Gui, son fils, avec Emma, fille de ce même Geoffroi.

Gui V, de 1146 à 1194.

Gui V, beau-frère de Henri II, roi d'Angleterre, fut son lieutenant-général dans le Maine et l'Anjou. C'est ce prince qui bâtit le château de Laval, et éleva ses fortifications. Il fonda l'abbaye de Clermont, où saint Bernard vint lui-même établir les premiers moines.

Pendant plusieurs siècles, l'église de cette abbaye a été le lieu de sépulture des membres de la famille des Gui.

Gui VI, de 1194 à 1210.

Pendant la vie de son père, Gui VI suivit dans ses combats Richard, roi d'Angleterre. Il fut un des premiers seigneurs de France qui abolirent dans leurs terres le droit de main-morte. Voici la traduction de l'acte qui est écrit en latin :

« A tous nos fidèles, moi Gui, sixième du nom, « seigneur de Laval, salut en Notre-Seigneur. « Sachez tous que, pour le salut de mon âme, de

« celles de mon père et de ma mère, j'ai aboli,
« tant à l'égard des clercs que des laïques, la
« mauvaise coutume qui s'appelait main morte.

« Fait l'an 1197, le roi Philippe IV régnant en
« France, et le roi Richard en Angleterre. »

Guionnet, de 1210 à 1213.

Gui VI eut un fils nommé Guionnet, il fut ainsi appelé parce qu'il mourut en bas âge. Avec lui s'éteignit l'ancienne maison de Laval.

LAVAL-MONTMORENCY.

Emma, de 1213 à 1265.

Emma était sœur de Guionnet. Elle épousa en premières noces Robert, comte d'Alençon; elle en eut un fils qui ne vécut que deux ans. Elle se remaria à Matthieu de Montmorency dont elle eut un fils qui prit le nom de Laval-Montmorency. Il fut la souche de cette maison. Ayant épousé Philippette, fille aînée d'André, baron de Vitré, il réunit Vitré à ses domaines.

Emma épousa en troisièmes noces le seigneur de Choisi et de Torci. Elle vécut encore trente ans après ce troisième mariage. On a de cette princesse une charte qui oblige les chanoines de Saint-Tugal à une résidence plus exacte. La voici :

CHARTE D'EMMA DE LAVAL SUR LA RÉSIDENCE DES CHANOINES DE LAVAL.

Universis presentes litteras inspecturis, Emma relicta nobilium virorum Roberti comitis de Alenczon et domini Mathei de Monte Morentiaco comitissa de Alenczon et domina Lavallen, salutem in Domino.

Noverit universitas vestra quod nos, de consilio reverendi patris nostri Mauritii Dei gratiâ Cenomanensis episcopi, et venerabilium virorum, magistri G. decani Cenomanensis et D. decani de Lavalle et aliorum bonorum virorum, ordinavimus et statuimus quod nullus *hanc* de cetero prebendam in ecclesia nostra de Lavalle in qua donationes prebendarum ad nos pertinent nisi fuerit residens et mansionarius in villa per novem menses singulis annis; et quod canonicus foraneus non habeat in dicta ecclesia de prebenda sua nisi quinque solidos turonenses in signum recognitionis singulis annis quibus foraneus fuerit, et residentiam non fecerit sicut superius est expressum, et super hoc dedimus litteras nostras sigillo nostro sigillatas. Actum anno gratiæ M. CC. XXX. mense februarii.

Emma, veuve des nobles seigneurs Robert, comte d'Alençon, et Matthieu de Montmorency, comtesse d'Alençon et dame de Laval, à tous ceux qui ces présentes verront, salut en Notre-Seigneur.

Faisons savoir que nous, du conseil de notre Révérend Père Maurice, par la grâce de Dieu, évêque du Mans, et aussi des vénérables G. doyen du Mans, et D. doyen de Laval, et de plusieurs autres hommes respectables, avons ordonné et décrété que désormais, dans notre église de Laval, où la collation des bénéfices nous appartient, nul chanoine ne puisse toucher les revenus de sa prébende, à moins qu'il n'ait résidé et demeuré dans la ville pendant neuf mois de chaque année. Avons statué que tout chanoine forain ne percevra de sa prébende, dans la dite église, que cinq sous tournois qui seront la preuve, chaque année, de sa *foranéité* et de son manquement à la résidence telle qu'elle est ordonnée ci-dessus.

Sur ce, avons délivré le présent acte et l'avons revêtu de notre sceau. Fait au mois de février de l'an de grâce 1230.

Deux ans plus tard, Geoffroi de Laval, évêque du Mans, fit un décret pour confirmer les dispositions de la charte précédente. Le voici :

DÉCRET DE GEOFFROI DE LAVAL, ÉVÊQUE DU MANS, QUI CONFIRME LES DISPOSITIONS D'EMMA DE LAVAL, CONTENUES DANS LA CHARTE PRÉCÉDENTE SUR LA RÉSIDENCE DES CHANOINES.

Universis presentes litteras inspecturis Gauffridus, divina permissione Cenomanensis ecclesiæ minister indignus, salutem in *vero salutare*.

Noverit universitas vestra quod nobilis Domina Lavallensis Emma, comitissa de Alenczon, cum essemus in muneris officio constitutus, de consilio reverendi predecessoris Mauritii et nostri et aliorum bonorum, ordinavit et statuit quod in ecclesia de Lavalle cujus prebendarum donatio ad ipsam tanquam ad *patronam* pertinebat, nullus futurus canonicus prebendæ suæ fructus haberet nisi residens esset et mansionarius in villa Lavallensi singulis annis per novem menses, et quod, si quis fuerit foraneus canonicus, non haberet de prebenda nisi quinque solidos turonenses singulis in signum recognitionis quotiescumque residentiam

Geoffroi, par la permission divine, évêque indigne de l'église du Mans, à tous ceux qui ces présentes verront, salut dans le *véritable sauveur.*

Faisons savoir qu'Emma, dame de Laval et comtesse d'Alençon, lorsque nous avons été chargé du fardeau de l'épiscopat, nous a fait connaître que, du conseil de notre vénérable prédécesseur Maurice et de plusieurs autres hommes recommandables, elle a ordonné et décrété que dans l'église de Laval, où la collation des bénéfices lui appartient à titre de *patronne*, aucun chanoine ne puisse percevoir les revenus de sa prébende à moins qu'il n'ait été résident et qu'il n'ait habité la ville pendant neuf mois, chaque année, et que le chanoine qui aurait été forain ne pourrait toucher de sa prébende que cinq sous tournois, comme preuve de son manquement à la résidence telle qu'elle est ci-dessus déter-

non faceret supradictam. Et super hoc litteras suas dedit nobilis supradicta. Et quia de consilio et assensu predicti predecessoris nostri processit ordinatio, nos...... duximus confirmandam. Datum anno gratiæ M. CC. XXXII. mense novembris.

minée. Sur quoi la noble dame a bien voulu nous écrire. Et comme ce réglement a été fait par le conseil et du consentement de nôtre susdit prédécesseur, nous avons cru devoir le ratifier.

Fait au mois de novembre de l'année 1232.

Gui VII, de 1265 à 1267.

Gui VII, fils d'Emma, accompagna en 1248 saint Louis à la cinquième croisade, avec son beau-père, d'André, baron de Vitré, qui y mourut.

Nous retrouvons plus tard, en 1266, ce même Gui, à la suite de Charles, comte d'Anjou, lors de son expédition dans le royaume de Naples; il assista à la bataille de Bénévent et mourut à Laval peu de tems après son retour.

Gui VIII, de 1267 à 1295.

Comme ses prédécesseurs, on le rencontre dans toutes les guerres chevaleresques de cette époque: c'est ainsi qu'il combattit à la bataille de Tagliacozzo au royaume de Naples, en 1268, où le malheureux Conradin, ayant été fait prisonnier, eut ensuite la tête tranchée sur une des places de Naples.

Il suivit saint Louis en Afrique à la sixième et dernière croisade. Il marcha aussi en 1270 contre le comte de Foy avec Philippe-le-Hardy.

Il accompagna le comte de Valois qui commandait en Guienne contre les Anglais pour son frère Philippe-le-Bel. Il mourut pendant cette guerre à l'Isle-en-Jourdain. Son corps fut transporté dans l'église de Clermont, auprès d'Isabelle de Beaumont, sa première femme.

A cette époque, on rencontre encore dans la maison de Laval Jeanne de Beaumont-Brienne, qui avait pour aïeux paternels Jean de Brienne, roi de Jérusalem, et Bérengère de Castille, nièce de la reine Blanche ; elle était par conséquent cousine au quatrième dégré de Philippe-le-Bel. Jeanne fut mère de Gui, évêque du Mans (1326).

Gui IX, de 1295 à 1333.

Il épousa Béatrix de Gavres. Ce fut cette princesse qui fit venir de Bruges des ouvriers qui enseignèrent aux Lavallois l'art de préparer le fil et de faire la toile avec autant de perfection qu'en Flandre.

Gui IX eut de Béatrix plusieurs enfants ; l'un d'eux fut la souche des seigneurs de Retz. — Il disait en trépassant, car nulle autre oraison ne savait : « — Bieau sire Dieu, en qui je crois. » Béatrix était morte en 1316.

Gui X, de 1333 à 1347.

Ce prince fut tué en Bretagne, près de Tréguier, au combat de la Roche-Derrien, dont il avait le principal commandement.

Gui XI, de 1347 à 1348.

Gui XI, fils du précédent, fut, dans cette bataille, blessé à côté de son père et fait prisonnier. Ce jeune prince, racheté par sa mère, mourut l'année suivante.

Gui XII, de 1348 à 1412.

Gui XII parvint par sa prudence et sa fermeté à préserver ses terres des malheurs de la guerre de Bretagne et de ceux plus grands encore de la Jacquerie. Guerrier et politique habile, il fut, pendant le cours d'une vie de plus de quatre-vingts ans, l'un des hommes illustres de son siècle. Charles V le récompensa de la part qu'il prit au combat de Pontvallain dans le Maine, en 1370. Dans cette affaire, le connétable Duguesclin défit l'armée anglaise du général Robert Knolles. Jean IV, duc de Bretagne, s'étant ensuite lié avec les Anglais, Gui aida Duguesclin à conquérir cette province et eut la garde de plusieurs places importantes.

Devenu veuf, sans enfants, de Louise de Châteaubriant, il contracta une seconde alliance avec sa cousine Jeanne de Laval, petite-fille et principale héritière d'André de Vitré dont nous avons déjà parlé; elle était la veuve, sans enfants, du connétable Duguesclin. Il en eut un fils qui se tua en tombant dans un puits et une fille nommée

Anne. Elle se maria à Jean de Montfort, près de Rennes, qui abandonna son nom et ses armes à son frère puîné, pour prendre le nom et les armes de Laval, sous le nom de Gui XIII.

Ce sont Gui XII et Jeanne, sa femme, qui fondèrent le couvent des Cordeliers de Laval et qui laissèrent dans l'église et les cloîtres une preuve de leur munificence.

LAVAL-MONTFORT.

Gui XIII, de 1412 à 1414.

Gui XIII, marié à Anne et père de plusieurs enfants, avait à peine recueilli l'héritage de son prédécesseur, qu'il partit pour la Palestine, afin d'accomplir un vœu qu'il avait fait. Il visita les Saints-Lieux, passa par l'île de Chypre où régnait alors Jean II, époux d'une princesse de Bourbon, aborda à l'île de Rhodes et y mourut de la peste. Il fut enterré dans l'église de Saint-Jean par les soins des chevaliers.

Anne, épouse de Gui XIII, de 1414 à 1429.

Anne, pendant sa longue viduité, se montra la digne fille de Gui XIII. Elle vécut dans une parfaite union avec Jeanne, sa mère. Elle conclut le mariage de son fils aîné, encore enfant, avec Marguerite, fille de Jean VI, duc de Bretagne, et l'envoya à la cour du duc. Gui eut là occasion de faire de bonne heure ses premières armes, car il servit dans l'armée des barons de Bretagne qui délivrèrent leur duc, fait prisonnier par les Penthièvre. (1420).

Sous Charles VII, les Anglais qui possédaient la Normandie, vinrent faire une incursion dans le Maine. Lord Poll, qui les commandait, ramenait entr'autres dépouilles quinze mille bœufs. Le comte d'Harcourt l'atteint à la Gravelle, met sa troupe en fuite et lui reprend tout son butin. (1423).

Le jeune Lohéac, second fils de Gui XIII et d'Anne, est fait chevalier après la bataille; d'Harcourt lui ceint une épée qui avait appartenu à Duguesclin et lui dit: « *Dieu te fasse aussi vaillant que celui qui la portait.* »

La guerre n'empêcha pas Anne de songer à établir ses enfants; elle maria sa fille Jeanne avec Louis, comte de Bourbon-Vendôme. Ils furent les aïeux de Henri IV au quatrième degré.

Anne & Gui XIV, de 1429 à 1465.

Charles VII créa Gui XIV comte de Laval, et sa terre fut érigée en pairie. Les lettres patentes sont datées du 17 juillet 1429.

Sans faire une démission formelle, Anne, sa mère, associa son fils à ses seigneuries de Laval et de Vitré.

Sur la fin de cette même année (1429), Laval

fut repris sur les Anglais. Un parti s'étant caché dans des broussailles qui couvraient le vallon de la Perrine, parvint à entrer par le moulin de Bellaillé.

Jusqu'en 1790, le clergé de la Trinité a fait, chaque année, une procession pour célébrer l'anniversaire de cet heureux événement.

Gui XIV épousa Isabeau, fille du duc de Bretagne.

Quant à Lohéac, son frère, il resta constamment auprès de Charles VII, se distingua dans toutes les guerres de cette époque et devint successivement amiral et maréchal de France.

Châtillon, troisième fils de Gui XIII et d'Anne, suivit, comme Lohéac, la carrière des armes. Il eut la place de grand maître des eaux-et-forêts de France.

Les deux frères furent de la première promotion de chevaliers de l'ordre de Saint-Michel. (1469).

Parmi les généraux qui se distinguèrent à cette époque par leur bravoure contre les Anglais, on cite Gilles de Laval, seigneur de Retz et maréchal de France.

En 1454, Jeanne de Laval, fille aînée de Gui, épousa le bon roi René qui était veuf d'Isabelle de Lorraine. René appartient à notre histoire, puisqu'il possédait la Provence, l'Anjou et le Maine.

Gui XIV vit s'accroître son crédit sous Louis XI. En 1458 il fut invité au Parlement assemblé à Vendôme, pour juger le duc d'Alençon, et il s'assit sur le même banc que les princes du sang. Ce prince l'autorisa même à établir dans la ville de Laval une Chambre des comptes, où tous les fermiers, procureurs et receveurs, devaient venir présenter leurs comptes. Il n'y avait alors que sept maisons jouissant d'une semblable prérogative.

Anne, mère de Gui, mourut au château de Laval le 28 janvier 1465. Elle fut enterrée dans un caveau qu'elle avait fait construire sous le chœur de l'église de Saint-Tugal. A partir de cette époque, ce fut là le lieu ordinaire de la sépulture des comtes de Laval ; c'était auparavant l'église de l'abbaye de Clermont.

Gui XIV, premier comte de Laval, mourut en 1486 à Châteaubriant. Son corps, transporté à Laval, fut inhumé dans l'église de Saint-Tugal, le 2 septembre, par le cardinal Philippe de Luxembourg, évêque du Mans.

François de Laval, dit Gui XV, de 1486 à 1500.

Gui XV reçut en 1487 Charles VIII dans son château de Laval. Ce prince y résida plus d'un mois pendant que son armée faisait la guerre en Bretagne.

Le Doyen, dans sa Chronique en vers, raconte qu'au mois de mai 1487, le roi Charles VIII fit un séjour de cinq semaines au château. Il le quitta pour un voyage en Bretagne, où, le 1er septembre, il prit la ville de Vitré. Ce fut alors qu'il conféra à Gui la charge de grand maître d'hôtel.

Gui XV mourut au château de Laval, le 22 janvier 1500. Il ne laissa pas de postérité, il était marié à Catherine d'Alençon. Jean de Laval, leur fils unique, mourut avant eux.

C'est Gui XV qui, pendant la vie de son père, commença l'église de Saint-Vénérand; il en posa la première pierre le 15 mai 1485.

Nicolas de Laval, dit Gui XVI, de 1500 à 1531.

Il était le neveu et le pupille du précédent, et fils du seigneur de la Roche-Bernard.

Il se maria avec Charlotte d'Aragon, fille unique du premier mariage de Frédéric et d'Anne de Savoie; celle-ci était, par sa mère, petite-fille de Charles VII.

Gui et Charlotte eurent trois enfants, le comte de Montfort qui fut tué à l'âge de 20 ans dans les guerres d'Italie, en 1522; Catherine qui épousa en 1518 Claude de Rieux, fils aîné du maréchal de Rieux; et Anne, mariée avec François de la Trémoille.

Devenu veuf en 1509, Gui se remaria en 1517 avec Anne de Montmorency; elle était sœur du connétable de ce nom. Il en eut un fils qui lui succéda sous le nom de Gui XVII. Il en eut aussi un autre qui fut évêque de Dol, François de Laval.

François Ier nomma Gui XVI gouverneur de

Bretagne. Il mourut en 1531. On lui fit à Laval des obsèques presque royales.

Claude de Laval, dit Gui XVII, de 1531 à 1547.

Il n'avait que dix ans lorsqu'il perdit son père. En 1535 il se maria avec Claude de Foix dont il n'eut pas d'enfans. Cette alliance fit entrer dans la maison de Laval les biens immenses de celle de Foix.

Gui XVII se distingua particulièrement par une grande magnificence, si bien qu'il laissa beaucoup de dettes malgré ses grands revenus.

Ce fut lui qui bâtit le petit château, devenu plus tard le Palais de Justice. Il fut armé chevalier par François Ier.

Les chroniques du tems parlent avec détail de l'entrée solennelle qu'il fit avec sa femme, dans la ville de Laval, le 1er mai 1541. Les rues de la ville étaient tendues en ciel et à chaque carrefour il y avait des arcs de triomphe et des fontaines d'où le vin jaillissait en abondance, etc.

Gui mourut à Saint-Germain-en-Laye, à l'âge de 27 ans, en 1547. Son corps fut ensuite apporté à Laval et inhumé très solennellement. Avec lui s'éteignit la maison de Laval-Montfort.

C'est sous lui que la Mayenne devint navigable jusqu'à Laval, en vertu de lettres patentes de François Ier, en date de 1534.

On fait aussi remonter à cette époque la découverte des carrières de marbre. On dit que François de Laval, évêque de Dol, se promenant un jour sur les rives du Vicoin, près de Saint-Berthevin, avec un cordelier de Laval, une pierre détachée d'un rocher fixa leur attention ; le cordelier la travailla et en fit un bénitier. Ce bénitier est resté à Sainte-Catherine jusqu'à la Révolution ; sur ses bords étaient gravés ces mots : « Fr. de Laval, év. de Dol, 1547. »

LAVAL-RIEUX.

Guyonne XVIII, de 1547 à 1567.

A Gui XVII succéda Renée de Rieux qui hérita du comté de Laval sous le nom de Guyonne XVIII. Elle avait épousé Louis de Saint-Maure, marquis de Nesle.

Cette femme singulière fut surnommée par les Lavallois Guyonne la folle. Elle avait embrassé avec fureur la religion calviniste. Sa vie fut fort agitée, ses démêlés avec son mari firent alors beaucoup de bruit.

Un arrêt du Parlement la condamna, peu de temps avant sa mort, à être décapitée. Son comté de Laval fut déclaré confisqué ; cependant elle vint mourir tranquillement et sans bruit, dans son château de Laval, le 13 décembre 1567, le jour même où les habitants avaient fait une grande procession avec le Saint-Sacrement, afin d'obtenir l'extirpation de l'hérésie.

Elle fut enterrée *à petit bruit*, dit l'*Art de véri-*

fier les dates, et probablement sans aucune cérémonie religieuse, puisqu'elle n'était pas morte catholique. Cependant elle fut inhumée dans le caveau de Saint-Tugal. Bourjolly nous apprend quelles raisons motivèrent cette tolérance. « Quel-« ques anciens Lavallois content que les traverses « de sa vie causèrent de la faiblesse et de l'égare-« ment en sa raison, si bien que, quoiqu'elle ne « soit pas effectivement morte dans le sein de « l'Eglise, il fut néanmoins résolu que son corps, « enfermé dans un cercueil de plomb, attendu sa « haute extraction, serait inhumé avec ceux de « ses ancêtres, en la voûte de l'église de Saint-« Tugal. »

Paul de Coligni, dit Gui XIX, de 1567 à 1586.

Ce prince, qui était calviniste, faisait partie de l'armée de Condé. Il mourut à Taillebourg et y fut enterré. Trois de ses frères, calvinistes aussi, et qui servaient avec lui dans l'armée de Condé, étaient morts peu de jours avant lui.

Sous ce prince, Henri IV venant combattre contre la ligue, résida plusieurs jours au château de Laval. (1583). Il entra dans cette ville sans coup férir. Il y reçut les membres de la noblesse de Bretagne qui tenaient pour lui. Il se dirigea ensuite vers la Normandie, en passant par Mayenne et Alençon. La Flèche, Château-Gontier, Sablé, etc., se soumirent ; Craon, au contraire, ferma ses portes et ne fut pas assiégé par le roi que le tems pressait. C'est de là, sans doute, qu'est venu ce proverbe, encore connu dans le Craonnais : « Tourne-toi, Château-Gontier, et tu verras Craon. »

Cette ville devint alors le rendez-vous des plus ardents ligueurs du pays. Le prince de Conti vint l'assiéger en 1592. Investi de tous côtés sur la route de Château-Gontier par Mercœur et Bois-dauphin, il fut mis dans une déroute complète. Laval, Mayenne, Château-Gontier, Sablé, furent abandonnées aux ligueurs.

François de Coligny, dit Guy XX, de 1586 à 1609.

Fils et héritier de Gui XIX et de ses trois frères, il n'était âgé que de deux ans lorsque son père mourut. Elevé dans la communion calviniste (1), il se convertit à Naples, en 1604, à la vue du miracle du sang de saint Janvier. Il s'en alla joindre en Hongrie l'armée impériale, afin de combattre les Turcs. Il fut tué aux environs de Komorn, sur les bords du Danube, le 3 décembre 1605. Son corps, transporté d'abord à Vienne, fut ap-

(1) Malgré le pernicieux exemple donné à la population lavalloise par trois de ses seigneurs, le protestantisme ne fit pas de prosélytes dans notre cité. Cette unité religieuse conserva la paix à Laval. — Une chronique que nous avons sous les yeux dit, que si les Lavallois restèrent si attachés à la foi de leurs pères, c'est que leur caractère sérieux est peu enclin aux nouveautés et ne partage pas cette inconstance que l'on reproche aux Français. Elle ajoute encore que le clergé de Laval ne possédait ni de grands biens ni de grands honneurs, vivait décemment et travaillait au ministère.

porté à Laval et déposé dans l'église des Jacobins. Ses obsèques qui furent magnifiques n'eurent lieu que le 26 février 1609.

MAISON DE LA TRÉMOILLE.

Après la mort de Gui XX, qui n'était pas marié, le comté de Laval passa entre les mains des seigneurs de la Trémoille. Aucun d'eux n'a jamais habité notre ville et n'y a choisi le lieu de sa sépulture. A l'époque de la Révolution de 1793, il y avait près de deux siècles que notre château n'était plus habité par ses maîtres. A peine s'ils y venaient passer quelques jours et à de longs intervalles. Il servait alors de logement aux officiers du seigneur : Premier juge, procureur fiscal, intendant, notaire, etc., ainsi qu'à plusieurs autres subalternes, gardes forestiers, etc.

Lorsque l'armée vendéenne passa par Laval, en 1793, le château ne servait pas encore de prison. Le prince de Talmont (duc de la Trémoille), un des généraux de cette armée et seigneur de la ville, alla s'établir dans son château le lendemain de son arrivée, et continua de l'occuper pendant les dix jours que les insurgés furent dans nos murs. Cet infortuné prince y reparut quelques mois après, en un autre appareil, quand, après avoir été condamné à mort à Fougères, on le fit venir à Laval pour lui trancher la tête devant la porte de son château.

Après le désastre et la déroute du Mans, les Républicains arrêtèrent un grand nombre de Vendéens qui avaient échappé au carnage de leur armée. Ceux qui avaient été dirigés sur Laval furent placés dans le château, parce que les autres prisons étaient ou trop pleines, ou n'offraient pas assez de sûreté.

C'est ainsi que cette ancienne demeure des seigneurs de Laval fut convertie en prison ; ce ne fut d'abord qu'une mesure provisoire ; cette destination ne lui fut définitivement donnée qu'en 1800, époque à laquelle les détenus de toutes les classes y étaient depuis long-temps réunis.

Page 48, ligne 26, au lieu de *Fougères* lisez *Vitré.*

LE CHATEAU DE LAVAL.

Dans le paisible Maine, au sein d'une cité
Qu'entourent l'abondance et la fertilité,
Aux bords où la Mayenne incessamment murmure,
D'un château féodal, géant d'architecture,
Qui, semblable à Titan, s'élançait vers les cieux,
Le beffroi, le donjon frappent encor les yeux.
Sept siècles ont passé depuis que ces murailles (1),
Témoins du moyen-âge et de tant de batailles,
S'élèvent sur le sol qui portait les vieux bois (2)
Et les rameaux ombreux, chers aux prêtres gaulois.
De Gui cinq ce manoir atteste la puissance;
Son or en a payé la gothique élégance.
— De ces murs curieux, de cette haute tour
Des comtes de Laval défensif séjour,
Évoquons dans ces vers la romantique gloire,
Sur leurs pompeux débris recherchons leur histoire.

(1) Le château de Laval a été bâti vers 1150 par Gui V; d'autres disent par Gui II, l'an 1020. Parmi ces derniers nous citerons : Leblanc de la Vignole, l'*Art de vérifier les dates;* Le Baud, chapitre XII de ses Chroniques de Vitré. Un Cartulaire de Marmoutier (cité par D. Clément) appelle Gui II *Castri Vallis conditor et possessor :* restaurateur et possesseur de la forteresse de Laval.

(2) Sous Charlemagne les environs de la Mayenne étaient encore couverts d'épaisses forêts.

L'argent, la pourpre et l'or décoraient autrefois
Ces immenses salons aujourd'hui nus et froids,
Cent coursiers hennissaient dans des cours spacieuses,
Les aigrettes d'azur, les écharpes soyeuses
S'y mêlaient à l'éclat des brillants gonfalons,
Le cor y réveillait les échos des vallons :
Les casques scintillaient. — Un page à l'œil de flamme
Guidait le palefroi de quelque haute dame
Qu'en secret il aimait, sans espoir de retour....
Le cri des écuyers, les chants du troubadour
Se confondaient, — c'étaient des joûtes et des fêtes
Où brillaient la valeur, où s'égaraient les têtes,
Et trois rois, favoris de Mars et de Paphos,
Y vinrent savourer les douceurs du repos.
Le premier fut celui dont l'ingrate indolence
Laissa supplicier la Vierge à qui la France
A dû sa liberté, sa gloire, son honneur (1);
L'autre, François premier, ce monarque au grand cœur,
Ce vrai roi chevalier qui, là, donnant peut-être
Le chiffre de Diane à l'écorce du hêtre,
Rompit plus d'une lance, et, galant souverain,

(1) Ici notre poète a commis une erreur ; ce n'est pas Charles VII, mais bien Charles VIII qui vint au château de Laval. Le Doyen, dans sa Chronique en vers, raconte que ce fut au mois de mai 1487 qu'il vint y faire un séjour de cinq semaines. Il quitta Laval pour aller prendre Vitré le 1er septembre.

Et le dix-septième jour
Dudit mois sans aucun séjour
Le bon roi pour son plaisir faire
Voulut à Laval se retraire
Pour qu'il disait être plaisant
Le chasteau et mothe au devant.

La motte dont il est ici question était une motte féodale, en forme de monticule, d'une certaine élévation. Elle était située où est la cour du Palais ; cet édifice n'étant pas encore bâti, on y jouissait d'une très belle vue, comme on peut en juger de nos salles d'audience ; c'est ce qui explique pourquoi Charles VIII trouvait *plaisant* cet accessoire du château.

Cette motte fut détruite en 1508.

Des reines du tournoi baisa la blanche main (1).
Le dernier, c'est Henry, cet amant infidèle
Qui tour à tour aima d'Entragues, Gabrielle (2).
— Mais les rois, les barons, le joyeux troubadour
Seuls ne visitaient pas cet opulent séjour;
Aussi le pèlerin, la veuve, l'orpheline
Y trouvaient un abri, — car une loi divine
Aux couvents, aux castels imposait la douceur
D'essuyer, sans orgueil, les larmes du malheur.
Ange de bienfaisance, alors la châtelaine,
L'aumônière à la main parcourait son domaine.
. . . .

Je tais du château fort les scènes de carnage
Les assauts meurtriers communs au moyen-âge,
Où de puissants barons, de hardis grands vassaux
A leur suzerain même opposaient des créneaux;
Je laisse le canon qui, semblable au tonnerre,
Grondait sur les remparts, théâtre de la guerre,
Quand, plus tard, Albion ravageait nos pays;
J'arrive aux jours sanglants où tombèrent les lys,
A ces moments d'horreur dont la honteuse histoire
De nos vieillards encore attriste la mémoire.

Au bonnet phrygien élévant des autels
Le peuple détruisait les temples, les castels;
La naissance, l'honneur, les vertus étaient crimes,
Sur l'échafaud montaient de royales victimes,
La hache des Samson (3) frappait, sans nul respect,
La vierge, le guerrier, le prêtre, le suspect....
Les Vendéens pourtant, doux, simples, *urbaniques*,
Regrettaient leurs pasteurs, leurs coutumes antiques,
Leurs bras s'étaient armés pour défendre à la fois

(1) On a dit que François Ier était venu en 1532 au château de Laval, mais ceci paraît plus que douteux.

(2) Henri IV résida plusieurs jours au château en 1583.

(3) Ils étaient à cette époque les bourreaux de la capitale.

Et le prêtre et l'autel et le trône et les rois;
Les femmes pour du fer échangeaient la quenouille,
Tous couraient au hasard. — Talmont de la Trémouille
Était un des guerriers qui guidaient leur valeur.
Du manoir de Laval noble et haut possesseur,
A l'abri de ses murs méprisant les alarmes,
Il formait ses soldats, il aiguisait ses armes;
Mais il part tout à coup pour combattre, et le sort
Le livre aux ennemis. — On arrête sa mort.
Du rouge comité que grande fut la joie (1)
De donner à la tombe une si riche proie!....
Soudain le vieux castel tressaillit de douleur,
Sa gloire avait cessé.... De son dernier seigneur
Le sang presque royal inondait son portique;
Ses blasons sont brisés. — Déjà la République
A peuplé ses donjons d'infortunés reclus,
Dont le crime est d'avoir un culte et des vertus.
Dans de sombres cachots, sur la paille fétide,
Amaigris par la faim, le teint hâve, livide,
Des ministres du Ciel, des filles du Seigneur,
Des soldats vendéens, attendaient la rigueur
De l'arrêt infernal, de l'inique sentence,
Qui livrait au bourreau l'héroïque innocence.
Là vous fûtes jetés, infortunés d'Orgeuil,
De Savignac, Denais, Chadaigne.... (2) Le cercueil
Entr'ouvert sous vos pas, l'outrage, la misère
Ne purent altérer votre beau caractère;
La foi, l'amour de Dieu soutenaient votre cœur,
Le supplice à vos yeux n'était pas sans douceur;
La palme du martyr avait pour vous des charmes,
Vos yeux en la voyant versaient de douces larmes.
Et vous, être si pur, dont tout le Maine encor

(1) Le terrible comité de la Mayenne établi en 1793.

(2) Les abbés d'Orgeuil et Denais, M. de Savignac, curé de Vaiges, la famille Chadaigne, ont été détenus en 1793 au château de Laval; ils furent exécutés.

Garde le souvenir et déplore la mort,
Monique, douce sœur, si pieuse, si sainte,
On vous a vue aussi souffrir dans cette enceinte
Où vos beaux sentimens, votre rare ferveur,
Votre courage enfin dissipaient la terreur
Que parfois éprouvaient vos compagnes timides,
Au terrible regard de tribuns homicides (1).
Une mortelle alors, seule en ces tristes lieux,
Apportait des secours aux êtres soucieux,
Que la crainte isolait des têtes les plus chères :
— Chacun tremblait pour soi, — plus d'amis, plus de frères ;
L'âme et le corps souffraient.... quand Loyand, jeune encor,
Comme un ange du Ciel vint dans l'antre de mort,
Prodiguer tous les soins et verser le dictame,
Qu'avant l'instant fatal le condamné réclame.
A ce saint ministère elle voua ses jours,
Renonçant aux plaisirs, à l'hymen, aux amours,
Pendant trente ans et plus elle resta fidèle
A sa louable tâche ; et sa piété, son zèle
Envers les prisonniers que reçut le château
Ne la quittèrent pas jusques à son tombeau.
D'un aussi noble cœur vénérons la mémoire ! (2).

Du castel des Trémouille ainsi passa la gloire !
Ce Nestor crénelé, si mutilé, si vieux,
Qui sept cents ans brava les autans furieux,
La foudre, les éclairs, les boulets et la lance,
Celui qui, des seigneurs attestant la puissance,
Fut l'asile de rois et la lice où l'honneur
Des preux au carrousel excitait la valeur ;

(1) La sœur Monique, de l'hôpital Saint-Julien de Château-Gontier, fut transférée à Laval ; elle fut exécutée le 25 juin 1794.

(2) Mlle Loyand, fille d'une artisan, à peine âgée de 17 ans, se dévoua pour aller secourir et consoler les détenus politiques enfermés au château de Laval. Elle demeura attachée au service de cette prison jusqu'en 1832.

Ces murs armoriés, ces salons, ces arcades,
Qu'ont vus les paladins des premières croisades,
Ces huis où s'aperçoit un reste de blason,
Tout cela, disons-le, n'est plus qu'une prison.
Dans d'humides réduits, sous la voûte sonore,
Des chants montent toujours, le fer résonne encore;
Mais ces chants ne sont plus ceux des gais ménestrels,
C'est l'hymne des reclus, plus ou moins criminels.
Ce son d'airain n'est pas le cliquetis des armes;
Mais le bruit de maillons que baigne de ses larmes
Le pâle châtié que le mal égara,
Et dont la vie, hélas! dans les fers finira....
— C'est ainsi que partout la France a vu naguère,
La noble forteresse et le saint monastère,
Transmués en prison : veuve de capucins,
De carmes, de marquis, elle voit les larcins,
Les crimes l'assiéger. — Grands faiseurs d'utopies,
Trouverez-vous la clef de ces anomalies?....
Me direz-vous pourquoi nous demandons toujours
Aux révolutions de plus fortunés jours?....
Je me taîs. — Voyageur, qui viendras sur la rive,
Où la Mayenne épand son onde fugitive,
Si ton œil curieux, à l'approche du soir,
Se porte sur les tours de l'antique manoir,
Accorde quelques pleurs à celui dont la lyre
A formé ces concerts : — pur de crimes, il soupire
Sous ces toits avilis, dont plus d'un souvenir
Un moment l'a distrait des maux de l'avenir.

E. Latour.

Latour, originaire du Calvados, fut arrêté à Laval, en rupture de ban, au commencement du mois d'août 1849. Semblable au philosophe Bias, il portait avec lui toute sa fortune, qui consistait en deux gros albums contenant ses poésies.

Pendant que notre armée assiégeait Rome, sous la conduite du général Oudinot, notre poète vagabond était sur les rives de la Lys, dans le Pas-de-Calais, où il composait les vers suivants :

A L'ITALIE, OU LE SIÈGE DE ROME EN 1849.

Quand donc, climat du Nord, fuirai-je ta froidure,
Ton soleil sans vigueur, tes prés inodorants,
Tes arides bosquets, et ta triste verdure,
Pour courir ranimer le déclin de mes ans
Aux bienfaisants rayons du soleil d'Italie !...
— Sous son Ciel de parfums, riant et doux séjour,
On peut, le cœur joyeux, l'âme heureuse, ravie,
Malgré l'aile du temps, trouver belle la vie
Jusques au dernier jour.

Poètes immortels de Tibur, de Sorente,
Cygnes aux douces voix, dont les chants sont si beaux !
Non, vous n'auriez pas eu cette verve brûlante,
Si Lys aux flots glacés eût baigné vos berceaux ;
On vante d'Ossian la sauvage harmonie,
Sa muse des glaciers, des forêts, des autans....

Ah ! qu'eût-il donc laissé, si son brillant génie
Eût eu, pour s'inspirer, de la belle Ausonie
L'immuable printemps !

O fleuve où but Lucain et qu'illustra Virgile !
Tibre cher à l'artiste, aux joyeux troubadours....
Si je puis m'abreuver de ton onde tranquille,
Et, ranimant mon sang à ton paisible cours,
Voir errer sur tes bords l'ombre aimable d'Ovide,
Je crois que dans mon cœur renaîtra le désir,
Que de mon front moins lourd disparaîtra la ride,
Qu'enfin je deviendrai comme à vingt ans avide
De gloire et de plaisir.

Mais une fois encor le sang rougit le Tibre,
Gênes veut se soustraire aux droits régaliens,
Venise la superbe aussi veut être libre,
Et comme Spartacus a brisé ses liens ;
Là l'Etna, le Vésuve, aux descendants d'Enée
Semblent pour un instant prêter leurs feux subits,
Partout des cris.... du fer.... ô Rome infortunée
Quels affronts tu subis !

On pille tes autels, on dévaste ton temple,
Les mains des triumvirs étreignent ta cité,
Des vils septembriseurs ils ont suivi l'exemple,
Et, confondant le crime avec la liberté,
Aux murs du Vatican le vandalisme arrache
Les toiles qu'animaient les sublimes pinceaux
De Rubens, Lesueur, le Corrège et Carrache,
Puis les beaux monuments s'écroulent sous la hache
Des civiques bourreaux.

Ces terreurs finiront : — Sous l'enseigne de France,
D'un guerrier valeureux la fière légion
Va, des *démolisseurs* châtiant l'insolence,
Protéger les beaux arts et la religion.
En vain, traîtres, sans foi, sans honneur, sans parole,

Un amas d'insurgés ont trompé sa valeur ,
Peut-être que déjà , rendus au Capitole ,
Nos guerriers ont redit sous l'antique coupole
Le refrain du vainqueur.

. . . .

Puis , que me fait à moi la guerre et ses ravages ,
Loin des champs du combat, j'irai chercher la paix ,
On n'a pas dévasté les riants paysages ,
Les airs sont toujours purs , les bois sont toujours frais ;
Que me fait des humains le sinistre délire ,
Que m'importent ces voix qui hurlent liberté....
La liberté pour moi , c'est le droit de redire ,
Aux accords fugitifs d'une plaintive lyre ,
Ce que sent mon cœur agité.

E. Latour.

IMPRIMERIE DE H. GODBERT , LIBRAIRE , A LAVAL.

www.ingramcontent.com/pod-product-compliance
Ingram Content Group UK Ltd.
Pitfield, Milton Keynes, MK11 3LW, UK
UKHW020348250726
13967UKWH00005B/2179

9 782013 047999